호롱불 심지 돋우고

호롱불 심지 돋우고

발행일   2025. 9. 20.
지은이   최종진

펴낸곳   인쇄출판정문사
출판등록   제1998-000001호
주소   충북 충주시 교동1길 15-22(교현동)
전화   (043) 847-9201
팩스   (043) 847-9221
이메일   jmpr9201@hanmail.net

ⓒ 2025. 최종진

ISBN 979-11-93053-49-2

※ 이 책의 저작권은 저자에게 있습니다. 서면에 의한 저자의 허락없이
　내용의 일부를 인용하거나 발췌하는 것을 금합니다.
※ 이 책은 충주시, 충주문화관광재단의 후원으로 발간되었습니다.

호롱불 심지 돋우고

최종진 시조집

정문사

시인의 말

꺼져가는 심지를 돋우고 있는 꼭 그런 심정이다.

형식과 운율도 제대로 갖추지 못한

걸음마 단계인 정격시조와

감성과 개성을 오롯이 담아내지 못한

캘리그라피까지…

짧은 호흡으로 이 복더위에 독자들을

더 덥게 해드린 건 아닐지 매우 부담스럽다.

곧 가을도 오겠지.

2025. 8. 입추를 앞두고
최 종 진

호롱불 심지 돋우고

005　　시인의 말

제1부 ─ 호암지(虎岩池)

014　　탄금대(彈琴臺)
015　　호암지(虎岩池)
016　　중앙탑(中央塔)
017　　댓골
018　　덕주사(德周寺)
019　　월악산행(月岳山行)
020　　문경새재(聞慶鳥嶺)
021　　속리산(俗離山)
022　　양화진(楊花津) 외국인 선교사 묘원
023　　절두산(切頭山) 순교 성지
024　　직지사(直指寺)
025　　주전골(鑄錢谷)
026　　무릉계곡(武陵溪谷)
027　　소리길
028　　화엄사(華嚴寺)
029　　비령길
030　　지리산(智異山)

031   천년의 숲 비자림(榧子林)
032   큰엉
033   차귀도(遮歸島)

제2부 — 들길

036   냉이
037   영산홍(映山紅)
038   감자꽃
039   능소화(凌霄花)
040   메꽃
041   개망초꽃
042   구절초(九節草)
043   모과(木瓜)
044   딸기
045   단풍(丹楓)
046   귀뚜라미
047   들길
048   백로(白露)
049   3월의 눈
050   다시 입춘
051   비와 바람
052   아그리나
053   커피 원포리
054   음식디미방(房)
055   바다정원 카페

제3부 ── 詩人만이 걷는 길

058 　탄금호(彈琴湖) 무지개길
059 　계명산(雞鳴山) 무연고 무덤
060 　임연규 시인을 보내며
062 　본향(本鄕)
063 　벌초(伐草)
064 　허수아비
065 　새해 아침
066 　변곡점(變曲點)
067 　아침 산책
068 　추도예배(追悼禮拜)
069 　백봉정(白鳳亭)
070 　동문 친선 라운딩
071 　결혼 25주년 기념일에
072 　단양 찬가
073 　詩人만이 걷는 길
074 　백수(白水) 정완영 시인
075 　큰 뜻 22년
076 　문경새재 맨발 페스티벌
077 　국립 충주기상과학관
078 　오대산 국립공원

제4부 ── 행복의 비결은…

080 　달이 예쁘다는 말로…

081	섬 하나 그리움 하나
082	사막이 아름다운 것은
083	오늘이 내 인생의 가장 젊은 날
084	세상에서 가장 아름다운 말
085	달팽이는 느긋할 뿐
086	우리
087	달콤한 커피 한 잔
088	무소유(無所有)
089	내 인생에서 가장 빛나는 날은…
090	오늘도 행복한 하루를
091	덕
092	행복의 비결은…
093	처음과 끝
094	고독
095	너를 위하여

제5부 ── 너는 물댄 동산 같겠고

098	구원하는 자 주 예수
099	성령 안에서 하나님의 처소가 되리니
100	평강의 씨앗을 누리리라
101	하나님이 이르시되
102	의의 길로 인도하시는 선한 목자
103	사랑
104	두려워 말라
105	너는 물댄 동산 같겠고

106	축복	
107	사랑하는 자여	
108	사랑·동행	
109	견고한 자는 평강하고	
110	삭은 예수답게	
111	나의 소망은 오직 주 예수	
112	당신의 소중한 꿈	
113	참, 좋다	

제6부 — 덕불고필유린(德不孤必有鄰)

116	불망초심(不忘初心)	
117	근주자적(近朱者赤)	
118	산고수장(山高水長)	
119	온고지신(溫故知新)	
120	아수오성(我修吾成)	
121	대하무성(大河無聲)	
122	유여부진(有餘不盡)	
123	법고창신(法古創新)	
124	태산불양토양(泰山不讓土壤)	
125	은악양선(隱惡揚善)	
126	백복자집(百福自集)	
127	호연지기(浩然之氣)	
128	낭중지추(囊中之錐)	
129	절차탁마(切磋琢磨)	
130	과유불급(過猶不及)	

131 　수처작주 입처개진(隨處作主 立處皆眞)

132 　교학상장(敎學相長)

133 　우공이산(愚公移山)

134 　만사형통(萬事亨通)

135 　공수래공수거(空手來空手去)

136 　문자향서권기(文字香書卷氣)

137 　붕우유신(朋友有信)

138 　덕불고필유린(德不孤必有鄰)

139 　복이덕소(福以德招)

140 　천만매린(千萬買隣)

141 　천국실현(天國實現)

142 　당상희락기도(當常喜樂祈禱)

143 　부활생명십자가(復活生命十字架)

해설 ── **시(詩)와 직관(直觀)** 오만환

제1부

호암지(虎岩池)

탄금대(彈琴臺)

달래와 남한강이
굽이친 합수머리

가얏고 우륵 악성
배수진 신립 장군

아직도
구천 떠도는
팔천 고혼 설운 넋

호암지(虎岩池)

어쩌랴 옛사람은
찾아도 흔적 없고

무심한 오리만이
물 위에 노니는데

잃어진
마음 한 조각
육각정에 떠 있네

벚나무 산책길에
올해도 단풍 들어

눈 들어 바라보니
계절이 깊었는데

온종일
앉아 기다린
목의자만 외로워

중앙탑(中央塔)

안반내 찾아오니
그 기상 웅장하다

아득한 천년 세월
신라 석공 누구런가

한반도
정중앙 충주
새긴 뜻이 크구나

댓골

농사철 돌아오면
흘린 땀이 섬이런가

품앗이 이틀 치로
구백세 평 골을 짓던

흙투성
우리 아버지
귀잠 들어 누셨네

팔십이 넘으셔도
턱에 찬 숨 몰아쉬며

삼복도 마다않고
저물도록 기음매던

질경이
우리 어머니
차조 밭에 계시네

* 충주시 신니면 문숭리 620-2 소재. 생전의 부모님이 경작하셨던 밭과 합장한 산소가 있음.

덕주사(德周寺)*

월악산 오르는 길
덕주사 다다르니

멈춰 선 시간 속에
마애불이 이르기를

속세에
쌓인 연(緣)일랑
잠시 두고 가라네

* 덕주사 : 제천시 한수면 송계리 산 1-1에 위치하며 마애불은 보물 제406호임.

월악산행(月岳山行)

가쁜 숨 몰아쉬며
덕주사 오르는 길

골골이 부서지는
물빛도 서늘구나

흘러간
나그네 설움
흥겨워라 올레단

언니야 잘 있었나
동생아 반갑구나

발 묶여 지난 세월
여기서 회포 풀고

웃으며
다시 만나요
정겨워라 올레단

문경새재(聞慶鳥嶺)
 - 팔왕휴게소

2관문 가는 길에
연초록 새순 돋고

고즈넉 주흘산에
상춘객 모여 섰네

연분홍
아득한 추억
소환하는 색소폰

산책로 올라서니
모두 다 신선 되고

힘 돋는 오미자차
여기가 낙원일세

주말에
멍석 펴 놨네
팔왕으로 오시게

속리산(俗離山)
  - 세조길

늦여름 세조길에
참매미 소란하고

세심정 참나리는
해맑게 피었는데

속세를
떠나왔어도
잔시름은 여전해

속 타는 계곡마다
청류(淸流)는 잦아들고

문장대 바라보며
흐른 땀 식혀봐도

용광로
불볕더위는
입추마저 무색해

양화진(楊花津) 외국인 선교사 묘원

복음의 씨앗 들고
찾아온 이역만리

극심한 박해 속에
생명줄도 던져놓고

죽음도
은혜라 하신
그 말씀이 사못네

한반도 방방곡곡
말씀으로 살리시고

병들고 소외된 자
혼신으로 치료하신

양화진
버들꽃 나루
선교사의 큰 사랑

절두산(切頭山) 순교 성지

잠두봉 양화나루
무더위 기승인데

순례객 멈춰서서
성호를 긋고 있네

세상에
빛으로 오신
순교자를 기리며

절두산 순교 성지
목 잘린 병인박해(丙寅迫害)

한 알의 밀알 썩어
뭇 생명 살렸으니

그 죽음
헛되지 않아
세세 무궁 빛나리

직지사(直指寺)

황악산 직지사에
석양이 내려앉네

옛 향기 단청 속에
숙연히 지핀 향불

얼마나
불심 깊어야
아도화상(阿道和尙) 만날까

주전골(鑄錢谷)

주전골 송림 위에
뜬구름 정처 없고

용수폭포 내린 물에
더위마저 가셨는데

어쩌랴
우수사려(憂愁思慮)는
못 버리고 예 있네

무릉계곡(武陵溪谷)

두타산 기암절벽
용추폭포 시원하고

억겁의 옛 모습을
어제런 듯 품었는데

무심한
저녁노을에
서두르는 귀갓길

소리길

해인사 천년 고찰
불심의 구국 일념

물소리 바람소리
귀를 씻는 소리길은

세상사
벗어놓으란
가야산의 큰기침

화엄사(華嚴寺)

산자락 화엄사에
홍매화 만발하고

기 받아 소생하는
싱그런 젊음 되어

행복한
스마트포럼
귀갓길도 흥겹네

비렁길

금오도 비렁길에
동백나무 짙푸르고

숨가삐 걸어가도
마음만은 청춘일레

봄맞이
효성올레단
신선되어 떠 가네

어질타 벼랑 아래
상괭이도 출몰하고

안개 속 바다 멀리
작은 섬은 눈물일레

푸른 꿈
효성올레단
꽃물 들어 왔다네

지리산(智異山)
 - 대원사 계곡 길

쉼표가 있는 그곳
대원사 계곡 숲길

무심을 찾으려나
골마다 물보라고

폐교된
가랑잎초교
이름처럼 아쉬워

빨치산 토벌 작전
역사 속 그 상흔을

용소(龍沼)는 아시려나
방장산(方丈山) 말이 없고

새재의
회색 하늘만
잡힐 듯이 외로워

천년의 숲 비자림(榧子林)

천년 숲 오솔길에
뻐꾸기 한가롭고

비바람 지킨 세월
고풍의 진상 재목

내뿜는
피톤치드(phytoncide)에
살아나는 숲 사랑

살아서 천년 세월
죽어서도 천년 세월

모두가 우화등선
발걸음도 가벼운데

아직도
못 버린 사연
비자림은 알려나

큰엉
- 제주도 한반도 지형

먼 나무 뒤로 하고
한반도 지형 찾아

빗소리 수선하게
지친 몸을 후려쳐도

희망의
충주평의회
지핀 꿈이 새롭다

차귀도(遮歸島)

억새풀 탐방로에
마파람 흔들리고

눈 시린 망망대해
낚싯배만 한가론데

우뚝 선
장군바위가
천년 세월 지켰네

바람결 너울 파도
죽도 외도 지실이섬

옛 집터 연자방아
눈 밟힌 사랑앓이

돌아서
눈물 뿌리며
산 파도에 젖었네

제2부

들길

냉이

묵정밭 언 땅 위에
다사론 햇살 지펴

봄 캐는 바구니엔
그리움도 하나 가득

오마고
하잖은 약속
애태우는 여린 맘

냉이꽃 꽃다지야
피었다 지고 펴도

못 전한 이 사연을
어디메 띄워보랴

산모롱
돌아서 울던
노루 사슴 첫사랑

영산홍(映山紅)

몰래 한 짝사랑에
낮달도 부끄러워

행여나 달뜬 마음
뉘라서 알랴마는

기어코
떠나보내고
혼자 하는 속앓이

감자꽃

감자꽃 피어나니
산꿩이 알을 품고

자욱한 안갯길에
얼룩소 앞세우던

꽃다운
홍안의 세월
어디메서 찾을꼬

능소화(凌霄花)

월담이 제격이냐
자태로 뽐내더니

폭염 속 한나절을
다소곳 읍소했네

애닯다
풋내기 연심
청맹과니 짝사랑

메꽃

나팔꽃도 아닌 것이
모습은 그대론데

청순하긴 뉘시기로
논두렁에 돌아앉아

오뉴월
긴 목마름을
앵도라져 참는가

개망초꽃

간절함이 사무쳐서
새하얗게 질렸구나

뙤약볕 푸섶에서
살갑게 쳐다봐도

당신들
한 번이라도
손 내민 적 있냐구

구절초(九節草)

산 절에 홀로 피어
찬 하늘 괴고 있네

시린 맘 다독여도
오마지 않는 그 임

야속한
갈바람만이
야윈 어깨 스치고

모과(木瓜)

곱짚어 돌아봐도
알 수 없는 당신의 뜻

못 삭인 마음 모아
두서너 개 보내오니

산모롱
찻집 가는 날
향기 맡아 보구려

딸기

나른한 저녁이면
무시로 생각나네

입안에 고여오는
달큰한 감성처럼

무심한 봄비 그쳐야
오시려나 그대가

단풍(丹楓)

다소곳 새초롬한
그대에게 돌아가서

결 고운 모습으로
화들짝 물들겠소

이윽고
팔랑거리다
속절없이 져 가도

귀뚜라미

초사흘 이슥한 밤
서걱이는 댓잎 소리

미물의 저 생애가
나보다 절절할까

베갯잇
뒤척여봐도
하소연만 길어라

들길

꿈인 듯 걸어가던
그 길에 다시 서니

수줍은 갈래머리
낮달도 부끄러워

화들짝
뒤돌아보니
그 옛날이 반세기

백로(白露)

어스름 푸섶마다
가을이 묻어왔네

귀뚜리 푸념 속에
마음만 스산한데

공들여
다독거려도
빈 쭉정이 詩의 밭

3월의 눈

퍼붓는 눈 헤치고
밤새워 달려가면

미열의 가슴앓이
제풀에 식으려나

도지는
병 같은 미련
작심하고 잊을 일

다시 입춘

소대한 지나가니
입춘이 가까웠네

겨우내 묵인 꿈을
이제사 펼쳐 드니

한 자락
따순 햇살이
시린 맘을 녹이고

비와 바람
- 순우리말 비와 바람을 소재로 한 시

도둑비* 다녀가니
눈바람* 잦았구나

꽃비*는 아직 먼데
신바람* 안달나고

먼지잼*
그친 자리에
제바람*만 다소곳

* 도둑비 : 예기치 않게 밤에 몰래 살짝 내리는 비
* 눈바람 : 눈과 함께, 또는 눈 위로 불어오는 차가운 바람
* 꽃비 : 비가 꽃잎처럼 흩뿌리듯이 내리는 비
* 신바람 : 신이 나서 어깨가 우쭐거릴 정도의 기분
* 먼지잼 : 먼지나 잠재울 정도로 아주 조금 내리는 비
* 제바람 : 스스로의 행동에서 생긴 영향. 제풀에, 제물에

아그리나

고운 임 오시려나
무시로 들르는 집

빛바랜 추억 속에
살아나는 푸른 맹서(盟誓)

오늘도
차향에 묻혀
바라보는 용설란

커피 원포리

남한강 물길 따라
굽이굽이 찾아드니

옛 정취 원포리는
상전이 벽해되고

무심한
뻐꾸기만이
녹작지근 우는가

음식디미방(房)
- 경북 영양 전통체험관

올레단 영양 탐방
옛 정취 두들마을

전통주 체험관에
부의주(酒) 담는 손길

코로나
근심 걱정도
잠시 잠깐 잊겠네

바다정원 카페

파도가 스산하니
백구(白鷗)도 나래 접고

수평선 저 끝으로
사라지는 어선 한 척

오늘도
사연 가득한
바다정원 초가을

제3부
詩人만이 걷는 길

탄금호(彈琴湖) 무지개길

달 보고 걸어가는
탄금호 무지개길

화려한 불빛 너머
석탑만 외로운데

지나온
질곡의 세월
남한강은 아는가

계명산(雞鳴山) 무연고 무덤

낮달을 바라보며
숨가삐 오른 산길

차가운 섣달 바람
옷깃을 스쳐 가도

무심한
낙엽 이불 속
저 영혼은 따슬까

임연규 시인*을 보내며

무량의 세월 저편
미리내 다리 건너

한 손에 시집 들고
다른 손 염주 들고

행복한
우동가게로
오시게나 이 저녁

신산한 세월 속에
그대가 걸어온 삶

곤고히 젖은 生이
뜬구름 부초일레

하늘길
가는 길목에
목이라도 축이게

어쩌다 받은 목숨
풍상을 옴팍 맞고

따르는 한 잔 술이
눈물 반 푸념일레

여보게!
잊지 말게나
사람과詩 옛사랑

* 임연규 시인 : 충주문협, 사람과詩 동인으로 평소 '행복한 우동가게'를 잘 들렀으며 지병으로 2022. 9. 20. 타계하였음.

본향(本鄕)

싸리문 살짝 열면
만월의 밤나무 숲

청보리 풋바심은
아직도 멀었는데

호롱불
심지 돋우고
홀로 듣는 두견 한(恨)

벌초(伐草)

황톳길 시오리가
그리도 멀었던가

설한풍 가슴 에던
장일(葬日)이 어제련데

웃자란
잡초를 보며
내리사랑 깨닫네

허수아비

해 질 녘 사부자기
들판에 홀로 서서

마뜩한 찬바람도
외곬로 받아내고

탈속이
비워버려서
다시 찾은 옛사랑

새해 아침

눈부신 백설 속에
까치 소리 청량하고

피어난 난 한 촉이
서재 가득 향기론데

청룡의
갑진(甲辰) 한 해가
희망처럼 열렸네

변곡점(變曲點)

갑진년 돌아보니
어질타 질곡의 삶

고통의 기나긴 밤
어찌 다 꼽을까만

그래도
작은 우주로
부여받은 이 생명

을사년 새해 아침
어기찬 꿈을 꾸네

숫눈길 걷는 심정
신발 끈 고쳐 매고

바다를
먹물 삼아서
써가야 할 새 소명(召命)

아침 산책

신새벽 눈 비비고
혼자서 부산 떠네

약수터 오르는 길
찬 이슬 걷어채며

오늘도
지는 새벽별
마중하고 옵니다

추도예배(追悼禮拜)

처서에 비가 오면
독 안에 쌀 준다던

영정 속 어머님이
벗어놓은 흰 고무신

댓돌 위
총총걸음이
그리워서 웁니다

백봉정(白鳳亭)[*]

나른한 5월 속에
맛집을 찾아오니

뜬금없이 백봉산을
아느냐 물어오네

오호라
두고 온 고향
다불리(多佛里)[*]가 거길세

* 백봉정 : 충주시 교현2동에 소재한 식당 이름
* 다불리 : 제천시 수산면의 부락 명칭이며, 백봉산이 있음.

동문 친선 라운딩
  - 목행 파크골프장

남한강 명품 구장
계절이 깊었는데

함께 한 의기투합
선배 존경 후배 사랑

아직도
가슴 저미는
봉방벌의 푸른 꿈

까까머리 그 시절은
어제런 듯 지나가고

삭풍이 몰아치는
동장군이 다가와도

함께 한
귀한 인연을
어이해서 잊을까

결혼 25주년 기념일에
- 효성 두손모아봉사단 정○애님 방문기

은혼식 기념일에
회화나무 푸른 기상

살미면 내사6길
지핀 꿈이 따스하고

솔바람
머무는 저녁
피어나는 부부애

작약이 손 내미는
이른 4월 산마루에

산새가 고즈넉이
한나절을 울다 가도

골짜기
가득한 웃음
긴 봄 해도 짧구나

단양 찬가
- 충북시인협회 모임에 부쳐

붉은 볕 고을 향해
벗님들 모여드네

남한강 더 푸르고
홍매화 벙그는데

열혈의
충북시인협회
영원하라 詩글터

詩人만이 걷는 길
― 박관희 시인 출판기념회

'두레박' 물을 긷듯
희망을 건져 올려

'꽃바람 주식회사'
詩로써 밝히시고

'청풍호 벚꽃길'에
봄꽃이 만발해도

'슬픔은 정직하다'네
詩人만이 걷는 길

백수(白水) 정완영 시인

'고요'한 '새벽'녘에
'감꽃'이 떨어지듯

'낙엽'은 '빈자리'에
'저녁'까지 쌓이는데

지금도
'오래된 길'을
백수 시인 가시네

* 정완영 시인 시조 10선 중 고요, 새벽, 감꽃, 낙엽, 빈자리, 저녁, 오래된 길을 제목으로 쓴 시

큰 뜻 22년
- 진상태 옹 688회 산행을 기리며

산새도 쉬어 넘는
문경새재 옛 마루에

688회 찬란하다
진상태 옹 팔순 청년

그 열정
귀감 되셔서
주목처럼 푸르네

솔바람 물소리가
흐른 땀을 식혀 주고

숨가삐 오간 세월
22년이 잠깐일세

그 큰 뜻
아로새기며
만져보는 기념비

문경새재 맨발 페스티벌

청운의 꿈을 안고
넘어가던 과거 옛길

오늘은 오감 만족
페스티벌 열렸구나

희망의
올레 · 둘레단
의기투합 걸었네

흰 구름 맑은 개울
신선봉이 저기련가

수천의 인파들은
가는 8월 잡아매고

웃음꽃
둘레 · 올레단
사랑으로 걸었네

국립 충주기상과학관

계명산 산자락에
뻐꾸기 울어쌓고

바람골 언덕길은
초록이 무성하니

만 가지
쌓인 회포가
꿈결인 듯 사라져

만발한 이팝나무
산책로 생태놀이

옥주씨 가꾼 꽃밭
예인가 저기인가

5월의
꽃바람 속에
피어나는 숲 사랑

* 효성파크골프클럽 장옥주 회원 꽃밭을 찾아…

오대산 국립공원
  - 소금강 율곡유산길

숨가삐 오른 계단
눈앞이 구룡폭포

빼곡한 삼림 속에
귀 씻은 맑은 소리

메고 온
노심초사는
단풍 속에 태우고

둘러싼 기암괴석
천년도 어제 같고

올곧은 금강송은
기상도 또렷한데

노스님
긴 바랑 위에
저녁놀만 외로워

제4부
행복의 비결은…

달이 예쁘다는
말로 그립다는
말을 대신한다

사는 동안
꽃처럼

섬 하나
그리움 하나

코로나19 없는
행복한 9月 맞이하세요

사막이
아름다운 것은
그것이 어딘가에
우물을 감추고 있기
때문이야

  - 어린왕자 中

세상에서
가장 아름다운 말
고맙소

완전
해야만
빛나는 것은 아니다

달팽이는 느릇할 뿐
정지한 것은 아니다.

평생 자기 집을
버리지도 않는다.

잎맥처럼 복잡한 세상사는
잘 모른다.
누구에게 대들지도 않는다.

느긋하게
한길만 간다.
참 부럽다.

우리

그 어떤 것도
아닐 수 있는
우리들 글자

달콤한
커피
한잔

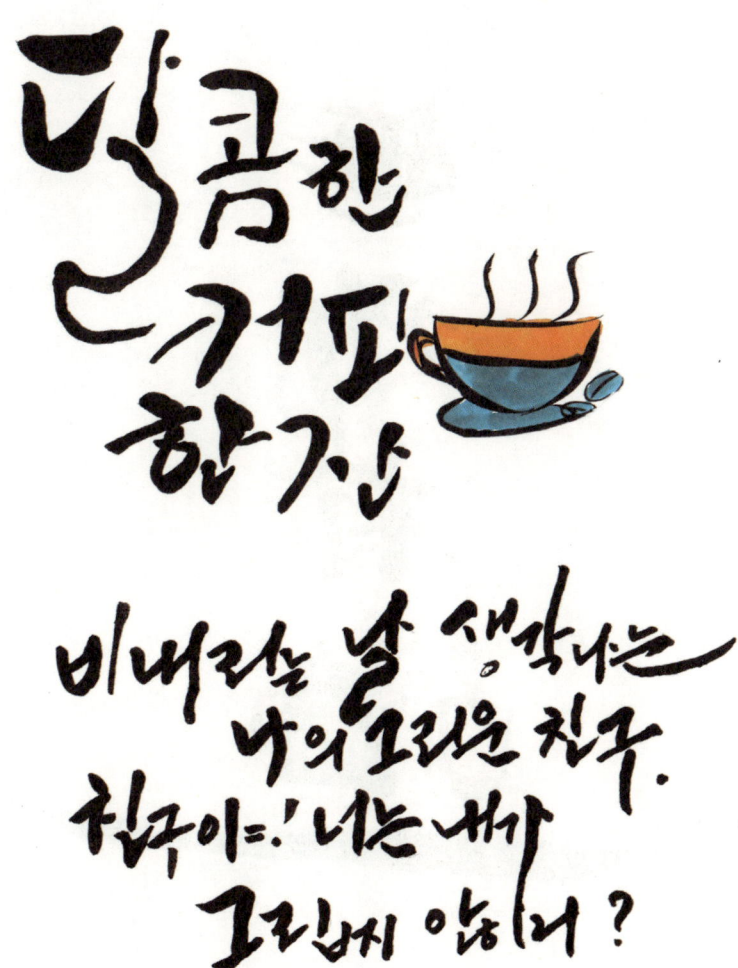

비내리는 날 생각나는
나의 그리운 친구.
친구야! 너는 내가
그립지 않니?

내
인생에서
가장 빛나는 날은
성공한 날이
아니라
비탄과 절망속에
생과 한번,
부딪쳐보겠다고
결심한
때다

재주가 덕을 앞서면 안된다

행복의 비결은
소유나 받음에
있지 않고
나눔에 있습니다

처음과 끝

훌륭한 삶은 처음과 끝을 지켜
내는 것은 강한 의지가 아니면
쉬운 일은 아니다.

고독이
없으면
그리움도
없다.

너를 위하여

너를 위하여
나 살거니

소중한 건 무엇이나
너에게 주마

이미 준 것은
잊어버리고
못다 준 사랑만을
기억하리라.
나의 사람아

제5부
너는 물댄 동산 같겠고

구원하는 자 주 예수

우리의 시민권은 하늘에 있는지라
거기로부터 구원하는 자
곧 주 예수 그리스도를 기다리노니
빌립보서 3:20

성령 안에서 하나님의 처소가 되리니

너희도 성령 안에서 하나님이
거하실 처소가 되기 위하여
그리스도 예수 안에서
함께 지어져 가느니라
- 에베소서 2:22

평강의 씨앗을 누리리라

곧 평강의 씨앗을 얻을 것이라
포도나무가 열매를 맺으며
땅이 산물을 내며
이슬을 내리리니
내가 이 남은 백성으로 이 모든 것을
누리게 하리라 슥 8:12

하나님이
이르시되
내가 반드시
너와 함께 있으리라
네가 그 백성을 애굽에서
인도하여 낸 후에
너희가
이 산에서 하나님을
섬기리니
이것이 내가 너를
보낸
증거니라

출애굽기 3:12

의의 길로 인도하시는 선한 목자

나를 푸른 풀밭에 누이시며 쉴 만한
물 가로 인도하시는도다
내 영혼을 소생시키시고 자기 이름을
위하여 의의 길로 인도하시는도다.
— 시편 23:2~3

사랑

샤론의 꽃
예수
나의 마음에
거룩하고
아름답게
피소서

두려워 말라

내가 너와 함께 함이라 놀라지
말라 나는 네 하나님이 됨이라
내가 너를 굳세게 하리라
참으로 너를 도와주리라 참으로 나의
의로운 오른 손으로 너를 붙들리라
이사야 41:10

너는
물댄동산
같겠고
물이 끊어지지
아니하는
샘 같을
것이라

이사야 58:11

축복

여호와는
네게 복을
주시고
너를 지키시기를
원하며
여호와는
그의 얼굴을
네게 비추사
은혜 베푸시기를
원하며
여호와는
그의 얼굴을
네게로 향하여드사
평강 주시기를
원하노라
할지니라

민수기 6:24-26

사랑하는 자여
네 영혼이
잘 됨같이
네가
범사에
잘 되고
강건하기를
내가
간구하노라

요한3서 1:2

사랑 동행

하나님께서는 축복의 통로로
인도하십니다.

견고한 자는 평강하고

주께서 심지가 견고한 자를
평강하고 평강하도록
지키시리니
이는 그가 주를 신뢰함이니이다-
(사 26:3)

작은 예수답게 강하고 담대하리.

심은대로 거두리라

위에서 오는 지혜에는 우선 순결하고
다음으로 평화스럽고, 친절하고,
온순하고 자비와 선한 열매가 풍성하고
편견과 위선이 없습니다.
정의의 열매는 평화를 이루는 사람들이
평화를 위하여 그 씨를 뿌려서
거둬들이는 열매입니다. 야고보서 3:17~18
새 번역

나의 **소망**은
오직
주예수

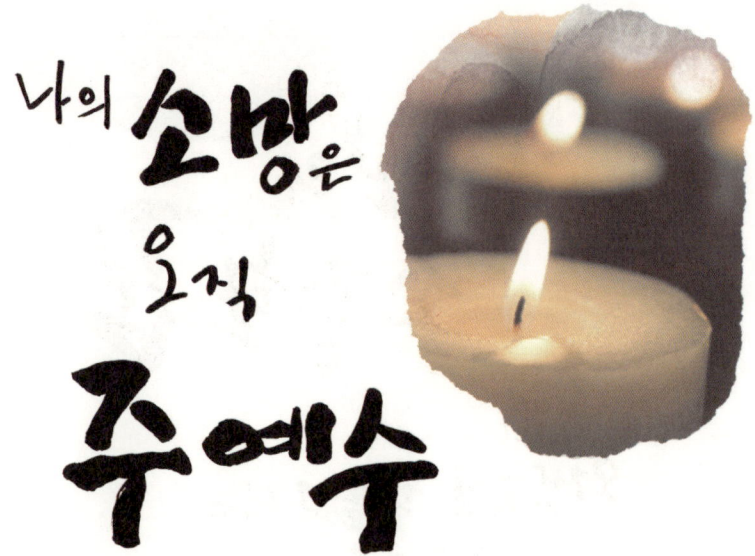

소망의 하나님이 모든 기쁨과
평강을 믿음 안에서 너희에게
충만하게 하사 성령의 능력으로
소망이 넘치게 하시기를 원하노라
- 로마서 15:13

당신의 소중한 꿈

오랫동안 꿈을 그리는
사람은
마침내 그 꿈을 이루게 됩니다!

참 좋다

마음을 다하여

제6부

덕불고필유린
(德不孤必有鄰)

不忘初心

불망초심

처음 시작할 때의
그 마음
잊지 마세요

迎末啇赤

붉은색을 가까이하면 쉽게 붉어진다。
近朱者赤 근주자적

山高水起

산처럼 높게 물같이 길게
살고 수양

군자와 덕이 높고 끌어바음을 산의
우뚝 높음과 큰강에 긴 흐름에 비유한 말

溫故知新

辛丑 초春 온고지신

옛 것을 통해 새로운 지혜를 얻다

我修吾成

我修吾成 아수오성
내가 닦고 내가 이루다.

大河無聲 대하무성

큰물은 소리내지 않고 흐른다

有餘不盡

유여부진

끝까지 가지말고 여지를 남겨라

法古創新
법고창신

옛것을
본받아
새것을 이루다

春山不讓土壤
何海不擇細流

태산불양토양 하해불택세류
태산은 흙을 사양치 않으며
강과 바다는 작은 물줄기도 가리지 않고
받아들인다

隱惡揚善

은악양선

남의 나쁜 점은 감싸주고
좋은 점만을 치켜세운다

百福山集

백복자집

마음이 온화하고 기상이 평탄한 사람에게는 백복이 절로 모여진다.

浩然之氣

호연지기
사랑의 마음에 차 있는
　　넓고 크고 올바른 기운

囊中之錐

낭중지추

재주 있는 사람은
숨어 있어도 눈에 띄어 보인다

자르고, 깎고, 갈고, 닦아내 빛을 낸다.

琢切
磨磋

절차탁마

玉이나 돌을
갈고 닦는 것과같이
學文과 德行을 이루다

過猶不及
과유불급

정도에 지나침은 미치지 못함과 같다

隨處作主
立處皆眞

누처 각주 · 입처개진

처한곳마다 내가 주됨을 이룰게 않으면
내가 안한곳 못보가 경실한 삶이 된다

敎學相長

배우고 가르치며 설 도움이 된다

敎學相長 교학상장

우직한 사람이 산을 옮긴다
무슨 일이든 꾸준히 노력하면
이루지 못할 일이 없다

愚公移山 우공이산

亨萬
通事

만사형통 하시는
한 주 시작하세요!

空手來空手去

공수래 공수거 空手來空手去
빈손으로 왔다 빈손으로 가는 것이
인생이다

文字香書卷氣

문자향서권기

— 문자의 향기와 서책의 기운, 수양의 결과로 나타나는 고결한 품격

朋友有信

붕우유신 "벗 사이에 지켜야 할 도리는 믿음에 있다"

論語句

德不孤必有鄰

덕불고 필유린

덕은 외롭지 않아 반드시 이웃이 있다

福以德招

福以德招 복이덕소
복은 덕으로써 부르다.

買千萬隣

천만매린
천만 냥으로 이웃을 사다.

'좋은 이웃이란
나의 좋은 스승이다.'

天實現

천국실현

천국이 실현 된다.
섞이고 사랑해야
하늘을 묻어고
삶 속에서 온전히
실양은 생활이다.

當常喜樂 祈禱不已 凡事感謝

항상 기뻐하라, 쉬지말고 기도하라, 범사에 감사하라

復活 生命 十字架
永生 榮樂 榮光 主

부활생명십자가 영생복락 영광도—

✝ 용서하며 섬기며 사랑하고...

해설
시(詩)와 직관(直觀)

시(詩)와 직관(直觀)

오 만 환 (시인)

귀뚜라미 등에 업혀서 온다는 처서가 지났는데 폭염이다. 최종진 시집의 넓이와 깊이를 체감하면서 계절의 순환을 생각한다. 다양한 소재와 현장감 절제와 가락이 돋보인다. 시집 초고를 몇 차례 읽으면서 작품 속 명소를 떠올리고 달려가고픈 마음이 창문을 열고 먼 하늘을 바라보게 한다. 자연을 노래하는 행간 속에서 나를 발견하고 인식하는 기쁨도 누린다. 맑고 밝은 이미지는 시원함과 따듯함을 펼치며 상상을 펼친다. 감흥이 넘치지 않도록 음률과 형태 시조의 아름다움 함축으로 완성도를 높인다. 독자에게는 깨끗한 거울을 선물 받는 느낌을 준다. 시로 쓴 '추억 박물관', '꿈의 경작소' 그곳으로 어서 가보자.

농사철 돌아오면
흘린 땀이 섬이런가

품앗이 이틀 치로
구백세 평 골을 짓던

흙투성
우리 아버지
귀잠 들어 누셨네

팔십이 넘으셔도
턱에 찬 숨 몰아쉬며

삼복도 마다 않고
저물도록 기음 매던

질경이
우리 어머니
차조 밭에 계시네

— 시 〈댓골〉

  시조의 형식을 지키면서 가락을 살려서 부모님에 대한 그리움을 잘 표현한 절창이다. 흙투성 우리 아버지 귀잠 들어 누우셨네 흘린 땀이 섬이런가 질경이 우리 어머니 차조밭에 계시네 농부의 힘겨운 생활 그 고단함 안타까움은 존경과 추모로 발효되어서 아주 평온한 느낌, 글이 이렇듯 부모님을 잘 모시는 효심으로 애절함을 지나 시냇물처럼 세상을 흘러 감동에 이른다. 구백세 평 골을 짓는 모습을 상상해 보자. 그리고 차조밭은 어디인가?

  어쩌랴 옛사람은
  찾아도 흔적 없고

  무심한 오리만이
  물 위에 노니는데

  잃어진
  마음 한 조각
  육각정에 떠 있네

  벚나무 산책길에
  올해도 단풍 들어

  눈 들어 바라보니
  계절이 깊었는데

  온종일
  앉아 기다린
  목의자만 외로워

        - 시 〈호암지(虎岩池)〉

호암지는 충주의 가볼 만한 명소로 시민의 사랑을 받는다. 산책에 딱 좋다. 시화전도 열리고 추억이 어른거린다. 여기서 이곳의 좋은 풍광만을 늘어놓았다면 그저 그랬을 것인데 작품의 화자(話者)는 명소에 와서 그곳의 내력이나 이모저모는 적당히 맡겨두고 외로움을 내비친다. 초록을 잃고 단풍 든 벚나무 육각정 위 마음 한 조각 내면의 독백이 계절과 삶의 깊이를 담고 명상과 여백(餘白)으로 오히려 잔잔한 울림을 준다.

달래와 남한강이
굽이친 합수머리

가얏고 우륵 악성
배수진 신립 장군

아직도
구천 떠도는
팔천 고혼 설운 넋

- 시 〈탄금대〉

역사의 혼이 깃든 명소와 와서 신립 장군과 우륵 악성을 외면한다면 어찌 작품이 되겠는가?

신라와 조선 대한민국 오늘에 이르는 시간적 거리는 그 얼마인가? 달래의 전설이 아직도 굽이쳐 감도는 남한강 합수머리, 시선은 어디를 향하는가? 팔천 고혼 설운 넋, 패전에 가려 빛을 잃은 임진년 장렬한 전사, 견위수명(見危授命) 나라의 위기 앞에 목숨을 바친 민초(民草)들을 시로 기리는 일은 그 뜻이 매우 깊다. 핵심어 아직도를 음미해서 읽어보자 이 시는 엄정한 마무리, 단정한 그 매무새가 일품 시조이다 과유불급을 헤아리는 절제의 미학을 눈앞에서 본다.

    복음의 씨앗 들고
    찾아온 이역만리

    극심한 박해 속에
    생명줄도 던져놓고

    죽음도
    은혜라 하신
    그 말씀이 사못네

    한반도 방방곡곡
    말씀으로 살리시고

병들고 소외된 자
혼신으로 치료하신

양화진
버들꽃 나루
선교사의 큰 사람

— 시 〈양화진 외국인 선교사 묘원〉

　서울 양화진 그 이름도 섬뜩한 절두산 순교 성지를 다녀와 쓴 시 몇 편에 주목한다.
　복음의 씨앗 들고 찾아온 이역만리 선교사의 활동과 극심한 박해, 신앙의 깊이를 헤아려 쓴 표현이 '생명줄'도 던져 놓고, 죽음도 은혜라 하신 그 말씀에 어찌 감동이 없으랴. 사뭇네. 종장의 음수율을 맞추려 애쓴 수고가 읽힌다. 사전을 찾으니 사무치다. 깊이 스미거나 멀리까지 미치다, 꿰뚫다(透), 존경과 추모, 행간을 따라가면 병들고 소외된 자 치료하신 선교사의 삶 그 거룩함에 믿음은 가일층 깊이를 더한다. 믿음이 엷어지는 세상을 향해 일갈하는 속내를 알아차리는 것은 독자의 몫이다.
　이렇듯 발로 찾아다니며 풍광과 견문 감흥을 더하여 독특한 개성으로 독자를 끌어당기는 작품이 수십 편에 이른다. 각각의 작품이 흥미를 주고 공감을 얻어내는 힘은 어디서 오는가? 한마디로 탁월한 직관(直觀)과 현장에 대한 묘사의 적절성을 짚을 수 있겠다. 직관은 경험과 지식을 바탕으로 순간적으로 핵심을 짚어내는 능력을 말한다. 직감과 직관은 어떻게 다른가? 직감은 즉각적이고 감각적인 느낌에 기반한 반면, 직관은 경험과 지식을 바탕으로 무의식적이고 빠른 사고 과정을 거쳐 도출되는 지적 통찰 즉 사유 능력이라 하겠다.

나팔꽃도 아닌 것이
모습은 그대론데

청순하긴 뉘시기로
논두렁에 돌아앉아

오뉴월
긴 목마름을
앵도라져 참는가

- 시 〈메꽃〉

꽃을 노래한 시가 여러 편 무더기를 이루고 시의 꽃밭에서 저 여기 있어요 저요 저요 손을 흔든다 소리 없는 함성이 들리는 듯 황홀하다. 메꽃은 경제성이 전혀 없는 꽃인데 시인의 부름을 받았다. 논두렁 밭두렁에 예쁘게 피었는데 나팔꽃이 아니라고 외면당하며 돌아앉았다. 청순한 처자로 의인화 되어 인격을 얻어서 질문을 받는다. 오뉴월 긴 목마름 앵도라져 참으시는가? 언제쯤 돌아서 웃음을 보일까? 능소화 딸기 냉이 영산홍 구절초 모과 개망초 꽃들에게도 말을 걸어서 사랑의 마음을 전하는데 흥미롭고 시의 식감을 돋우고 향기를 피우며 자연스레 시조 미학(美學)의 층위를 높인다.

무량의 세월 저편
미리내 다리 건너

한 손에 시집 들고
다른 손 염주 들고

행복한
우동가게로
오시게나 이 저녁

신산한 세월 속에
그대가 걸어온 삶

곤고히 젖은 生이
뜬구름 부초일레

하늘길
가는 길목에
목이라도 축이게

어쩌다 받은 목숨
풍상을 옴팍 맞고

따르는 한 잔 술이
눈물 반 푸념일레

여보게!
잊지 말게나
사람과 詩 옛사랑

- 시 〈임연규 시인을 보내며〉

 동인(同人)으로 문학 활동 함께하며 혈육의 정을 나누었던 후배 문인을 저승으로 떠나보내는 심사(心事)가 잘 드러난다. 가슴에서 우러나오는 말이면 말마다 심금을 울리고 애절하다. 대화체 문장과 호흡, 어미(語尾) 처리에서 빼어

난 솜씨, '행복한 우동가게'에서 꼭 다시 만나고 싶은 임연규 시인! 한 손에 시집, 다른 한 손에 염주가 잘 어울리는 시인의 생애가 함축되어 그리움이 살 속을 파고든다.

'고요'한 '새벽'녘에
'감꽃'이 떨어지듯

'낙엽'은 '빈자리'에
'저녁'까지 쌓이는데

지금도
'오래된 길'을
백수 시인 가시네

- 시 〈백수 정완영 시인〉

존경하고 추모하는 마음에서 백수 정완영 시인 시조 10선 중 고요, 새벽, 감꽃, 낙엽, 빈자리, 저녁, 오래된 길을 제목으로 쓴 작품으로 만장(挽章) 만사로 제격이며 발상과 형상화가 독특하다. 백수께서는 중등 교과서에 시조 '조국(祖國)'이 실리고 명작 여러 편을 남기셨다, 김천 직지사(直指寺) 입구에 백수 정완영 문학관이 있다. 이렇게 선후배 문인을 추모하여 작품을 쓰기는 생각보다 어렵다. 이

또한 고인에 대한 소박한 의리이고 작가의 덕행(德行)이다. 경의(敬意)를 품어 허리를 굽힌다.

    도둑비 다녀가니
    눈바람 잦았구나

    꽃비는 아직 먼데
    신바람 안달 나고

    먼지잼
    그친 자리에
    제바람만 다소곳

                       - 시 〈비와 바람〉

  비와 바람을 소재로 순우리말이 시 속에서 재롱도 피우며 행복이 넘쳐난다, 비야 다녀갔느냐? 언어를 경작하는 시인의 소명, 애쓰는 모습이 어여쁘고 바람은 상쾌하다.

    어스름 푸섶마다
    가을이 묻어왔네

    귀뚜리 푸념 속에
    마음만 스산한데

공들여

다독거려도

빈 쭉정이 詩의 밭

- 시 〈백로(白露)〉

  24절기를 소재로 쓴 작품이 많음도 눈여겨 읽어볼 일이다. 간결미를 바탕으로 시인의 맑고 겸허함이 시에 그대로 배어난다. 과장이나 자기 홍보로 눈살을 찌푸리게 하는 일이 다반사인데 어스름 가을 푸섶 마음은 스산하고 그러나 시인은 스스로를 다독거리며 공을 들인다, 어찌 수확이 없겠나? 시의 밭이 빈 쭉정이라고 스스로를 낮추는 겸허함에서 가을을 느낀다.

싸리문 삽짝 열면

만월의 밤나무 숲

청보리 풋바심은

아직도 멀었는데

호롱불

심지 돋우고

홀로 듣는 두견 한(恨)

- 시 〈본향(本鄕)〉

이제는 찾아보기 힘든 시골집 싸리문 삽짝 농경시대 고향을 떠올리게 한다. 먹을 것이 없어서 어쩔 수 없이 밥을 굶어야 했던 보릿고개, 이 시집의 표제가 된 '호롱불 심지 돋우고'의 심상을 탐구해 본다. 밤에 듣는 두견새 울음 가슴을 파고든다. 우리 시가(詩歌)에도 슬픔의 상징으로 등장하는 새가 두견(杜鵑)이와 소쩍새이다. 여름철 우리나라 어디서든 흔히 볼 수 있다. 김소월과 장만영의 작품에도 나온다. 귀촉도(歸蜀道) 불여귀(不如歸) 등 함께 쓰이는 명칭에도 고향으로 돌아갈 수 없는 한(恨)을 내포하고 있다. 고향에 대한 그리움 향수(鄕愁)가 말할 수 없이 깊다는 결론이다. 성삼문의 한시 사희(四喜)의 첫 행 천리타향견고인(千里他鄕見故人)이나 수구초심(首丘初心)이 연상된다. 호롱불의 시각적 이미지와 두견의 구슬픈 울음 청각적 이미지가 만나서 시의 분위기는 극대화된다. 향수(鄕愁)를 노래한 단시조 절창(絶唱)이다.

　시집 4부는 시인의 생각하는 삶의 금과옥조(金科玉條)를 그림과 서예로 독자에게 선물 보내듯 첨부했는데 독자는 최고의 보너스 받는 느낌. 바로 그렇다.

　시인은 땀 흘려 농사를 지었고 추수가 이루어졌다. 풍작이다. 인공지능 AI가 시와 신문기사를 쓰는 문학의 위기, 귀한 시조를 읽었다. 독자에게도 그 보람과 감상의 기쁨 울림이 널리 깊이 펼쳐질 것을 예감한다. 박수 소리가

파도로 밀려온다. 필자의 직관이다. 쌀알의 햇볕이 고맙다. 작가와 독자의 혜량을 엎드려 구하며 글을 맺는다.